EL FASHION RETAIL

La moda y sus cambios

BEATRIZ PINEDA DE RAMIREZ

Maracaibo, Venezuela

Enero 2018

Título Original:
El Fashion Retail. La moda y sus cambios.
Autor: Beatriz Pineda de Ramirez
Copyright ©2018 Por Beatriz Pineda de Ramirez
Primera Edición
ISBN-13: 978-1727415568
ISBN-10: 1727415566

DEDICATORIA

A José Miguel Ramírez, con mi amor profundo

INDICE GENERAL

INDICE DE GRÁFICOS

INDICE DE TABLAS

INTRODUCCIÓN

Hablar del Fashion Retail, nos hacer poner la atención en la venta al detal; venta de grandes cantidades de productos o artículos a múltiples clientes. El fashion retail vino a cambiar el mundo de la moda para siempre y a nivel global desde hace más de 15 a 20 años. Esta trasformación dio inicio cuando una compañía con un rotundo éxito, impulsó, popularizó y replicó en el mundo entero una manera diferente de comprar moda, en otras palabras, "una receta" distintiva. Formalmente desde hace ya rato ha comenzado una nueva era en este negocio.

En este libro nos pasearemos por todo la historia del fashion retail, el hoy y los retos a futuro; de esta manera, comencemos por "Inditex" que vino a cambiar los hábitos de consumo del cliente de la moda, ya no se compraría más solamente por temporadas, por colecciones, sino que periódicamente se lanzarían "cápsulas", recibiendo mercancía cada mes o bimestralmente, incluso diariamente, por lo que cada cliente pasó a comprar cada fin de semana, cada dos días, o cada vez que lo creyese conveniente o necesitase.

La sinergia del negocio se ha motorizado a pasos tan agigantados, que ya los "retailers" han desarrollado estrategias para el manejo de logísticas sumamente complejas que les permita responder a las necesidades de un mercado tan cambiante que exige ya mismo que los productos por los que apuesta sean de múltiples diseños, provenientes de una pluralidad de fuentes , con diferentes formas de despachar la mercancía a los clientes finales, dícese del ya acuñado término "poli designed-pluri sourcer-multi shipper".

Hoy en día, existen una profusión de vías e instrumentos, para el diseño, creación, distribución y comercialización en la industria de la moda. Abarca desde tiendas multimarcas, tiendas online, pop-up stores. Es ya ineludible que convivan las tiendas físicas y los medios digitales, si se pretende sobrevivir en la industria. Este casamiento es inevitable porque sobre el se sostiene la posibilidad de ampliar la demanda, informar al consumidor y hacer de la experiencia de compra un momento único y camino para lograr la fidelidad, de quien la industria decidió es el centro de todo su afán: "el cliente". Los descuentos, colecciones cápsula, ventas online, redes sociales o fashion films, le facilitan a las marcas sostener una nueva relación con el cliente.

El comercio se encuentra en un momento clave para el futuro pero a veces luce lleno de incertidumbres en temas como la omnicanalidad, el nuevo consumidor digital o la experiencia del cliente. Muchos de los comerciantes todavía imaginan como una amenaza la digitalización de su oferta o el e-commerce, pues hasta no hace mucho tiempo, muchos de ellos veían el comercio electrónico como la competencia, no obstante hoy, se conoce que puede ser el mejor aliado para atraer nuevas clientelas.

Hoy día, la competitividad en la industria del fashion retail ha alcanzado niveles hasta ahora desconocidos, para lograr el éxito con los clientes actuales y también potenciales, se debe comenzar con la escucha genuina y la empatía hacia las necesidades de los mismos, debe ser una misión entender que para que la marca construya un mundo concreto y en el imaginario de sus clientes debe edificarse un vínculo sólido entre él y la marca en sí; se alcanza el objetivo teniendo como misión no únicamente vender, sino contando una historia que nos narre que vida tiene la marca.

El cliente como centro es la base de una visión única y su manera de relacionarse con la marca, la omnicalidad facilita la unificación de estrategias comerciales tantos de los canales físicos como de los online.

La mesa está servida, iniciemos este paseo por el apasionante mundo de la moda y del fashion retail en específico.

CAPÍTULO 1

FASHION RETAIL

¿Qué es el fashion retail?

La palabra Retail como tal no tiene una definición exacta, más la que se consigue apunta a saber que se refiere al tipo de comercio que se caracteriza por las ventas al menor, al menudeo o al detal.

Lo llevan a cabo las empresas cuyo propósito es vender a múltiples clientes finales un stock masivo. Contrariamente al concepto retail, estaría el de venta al por mayor (o wholesale término en inglés), que vende grandes cantidades a pocos clientes, típicamente a los propios retailers. Dicho en otras palabras, el concepto suele relacionarse con la venta de grandes cantidades, pero a muchos compradores diferentes. De esta manera se distingue de la venta mayorista, que implica la venta de un elevado volumen de unidades a un mismo comprador.

Cuando citamos o mencionamos la frase "sector retail", se está haciendo referencia a todos los figurantes implicados en la venta al detalle. Realmente, no se trata más que de la mayoría de los comercios con los que interactuamos como usuarios finales, siendo el último eslabón en la cadena comercial.

Este sector económico comprende a las empresas que van desde supermercados, tiendas de marca, centros comerciales, tiendas por departamentos, ferreterías, farmacias, venta de vestimenta, sucursales bancarias, algunos casos restaurantes (ej. comida rápida), etc. Está muy relacionado igualmente con las cadenas de tiendas, franquicias, centrales de compras. Su uso se halla ligado a las grandes cadenas de locales comerciales.

La complejidad de la operación al detal viene dada por la amplia variedad y tipos de artículos que se comercializan, generando una cantidad de datos significativos que pueden ser impactantes para quienes no tienen experiencia en este negocio.

Hablar ya específicamente del sector "fashion retail" apunta al mismo tipo de operación, pero específicamente en al área de la moda, indumentaria o vestimenta.

Por último, es interesante agregar que el involucrar a mayoristas y minoristas en un mismo sector ha resultado ser la consecuencia de la gran cantidad de obstáculos y soluciones comunes que tienen ambos sectores, tanto por la masividad y diversidad, así como por sus productos y los de sus clientes.

Tipos de retailers

El retailer no necesariamente está asociado a un establecimiento físico. Aclarado este punto y en función de esta característica, podríamos distinguir los tipos de retailers como:

Retailers offline: que son aquellos cuyo modelo de negocio se cimienta únicamente en la actividad comercial realizada en tiendas físicas.

E-retailers: son aquellos que sólo emplean Internet como canal de venta a través del e-Commerce. Los comercios online minoristas se consideran un retail online, o bien un e-tailer. En todo caso se contrapone al modelo clásico.

Brick and Mortar: se trata del modelo mixto, en el que se combinan las tiendas físicas con la tienda online. Por ejemplo, la cadena GAP, Old Navy, etc.

Características del retail

Más allá de la principal ya comentada característica de la venta al cliente final, hay algunas particularidades propias del retail que podemos destacar:

- Interacción directa con el usuario final: el trato directo con el cliente supone que la venta se realiza de una manera mucho más personal. Implicando que la atención del cliente y el servicio post venta son ejes importantes en el éxito de este tipo de negocio.
- Mayor recurrencia: al tratarse de compras con un volumen pequeño o mediano, suelen repetirse con mayor periodicidad o frecuencia.

- Las campañas de marketing y comunicación están decididamente enfocadas y orientadas al cliente final, tanto en el online como en el offline.

- Se mantiene la antigua premisa en el mundo de los negocios de compra- venta, en la que se compra a volumen y se vende al detal, lo que permite vender a un precio mucho más bajo, siendo competitivo.

- Fuerte dependencia de la logística: de hecho muchos de los retailers de mayor tamaño suelen disponer de sus propios centros logísticos y redes de distribución. Las cadenas que se dedican al retail suelen contar con almacenes, depósitos o centros de distribución, donde se recibe el producto que se compra al por mayor. Después estos productos son enviados a los distintos locales o sucursales.

- Marcas blancas: muchos retailers, principalmente las grandes cadenas de supermercados o tiendas por departamentos de ropa cuentan con sus propias marcas producto de esa capacidad de negociación que comentábamos en puntos anteriores, por ejemplo El Corte Inglés, GAP, H&M, etc.

CAPÍTULO 2

EL NEGOCIO DEL FASHION RETAIL

Modelo de negocio y la gestión comercial

Al referirnos al modelo comercial, es de vital importancia elegir, pensar y repensar cual crear. Asimismo es prioritario diseñar, elegir y optimizar los procesos necesarios. Se sabe que el modelo comercial es el alma y cerebro de nuestra tienda, pues justamente su finalidad es aportar valor a los productos y/o servicios que vendemos a nuestros clientes.

Se pretende al fundamentar nuestra operación en un modelo comercial conveniente, hacer más atractivo, accesible o deseado nuestro producto a los consumidores; siendo clave al momento de definir el método, conocer lo mejor que nos sea posible tanto a los clientes como los productos y servicios propios de nuestro sector; en la mira debe estar el conocer completamente a nuestro cliente objetivo, sus necesidades, sus opciones, sus posibilidades económicas. Y, bajo las premisas de esa información la base para la toma de decisiones; nuestro modelo debe estar dotado de procesos, herramientas y profesionales que aporten valor agregado a nuestra mercancía.

Paseándonos por la historia del fashion retail, observamos que el triunfo de un retailer se fundamentaba en una oferta de productos diversificada, capacidad de aprovisionamiento por parte del empresario con precios tan bajos y solidarios que le permitiesen cubrir costos y obtener jugosos márgenes de ganancia, con una rentabilidad deseable; que involucrase una estratégica y efectiva comunicación y una estruc

turación de precios de manera tal, que le facilitase a los potenciales clientes pagar el producto.

Tras la Segunda Guerra Mundial el precio era el atributo de máxima importancia en la decisión de compra. Así, los retailers enfocaban el aprovisionamiento en la compra de grandes volúmenes de mercancía a proveedores que requerían prolongados plazos de entrega, pero que le aseguraban los más bajos precios de mercado; convirtiéndose en un negocio rentable. Estos plazos obligaban al retailer a comprar su colección con meses de antelación a la iniciación de la temporada, basándose únicamente en su capacidad de pronosticar las futuras preferencias de los consumidores, por lo que asumían el riesgo de acumular productos poco atractivos y no vendibles, así como perder ventas por ruptura de stock de productos muy exitosos.

En la década de los 80 con la implementación de estrategias de marketing y branding esto se transformó, dado a la propagación de gran cantidad de marcas y a la lucha por la diferenciación, así como a la satisfacción de las preferencias individuales. La diversificación de productos, la multiplicación de marcas y la creciente variabilidad de la demanda, exigió a los retailers a manejar inventarios de mayores volúmenes aún, agravando la incertidumbre relacionada a la venta de un producto dado, haciendo complicada la viabilidad económica del negocio. Por lo que para la década de los 90, prosperó una nueva concepción del negocio de fashion retail orientada a medir y entender las necesidades del consumidor en el punto de venta y trasladando esta información a la planificación – en forecasting (estimación, previsión de ventas), diseño, producción, y distribución – con el fin de lograr el equilibro de ganar – ganar ajustando entre la oferta y la demanda.

Cadena de valor y Cadena de suministro

Las cadenas que se dedican al retail disponen de una importante estructura. Suelen contar con almacenes o centros de distribución donde reciben los productos que fabrican o compran al por mayor. Estos productos son enviados a los distintos locales comerciales, que conforman los puntos de venta donde acude el consumidor final a comprar la mercancía. Esto supone que la gestión del retail es una tarea compleja, requiriendo articular diferentes procesos; siendo la logística esencial para el éxito del negocio.

A continuación se presenta un gráfico que en general y de manera sencilla nos muestra los diversos eslabones que conforman esta cadena, a saber:

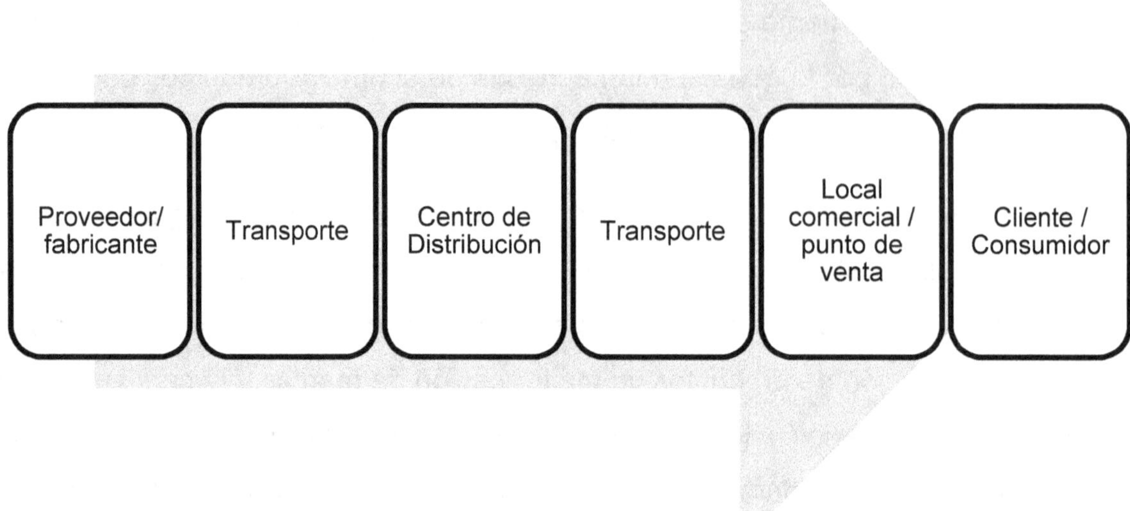

Gráfico No. 1 Cadena de suministro del negocio retail

Fuente: elaboración propia

Ahora bien de manera detallada e incluyendo procesos que impactan esta cadena de suministro, se presenta:

Gráfico No. 2 Cadena de suministro en el fashion retail

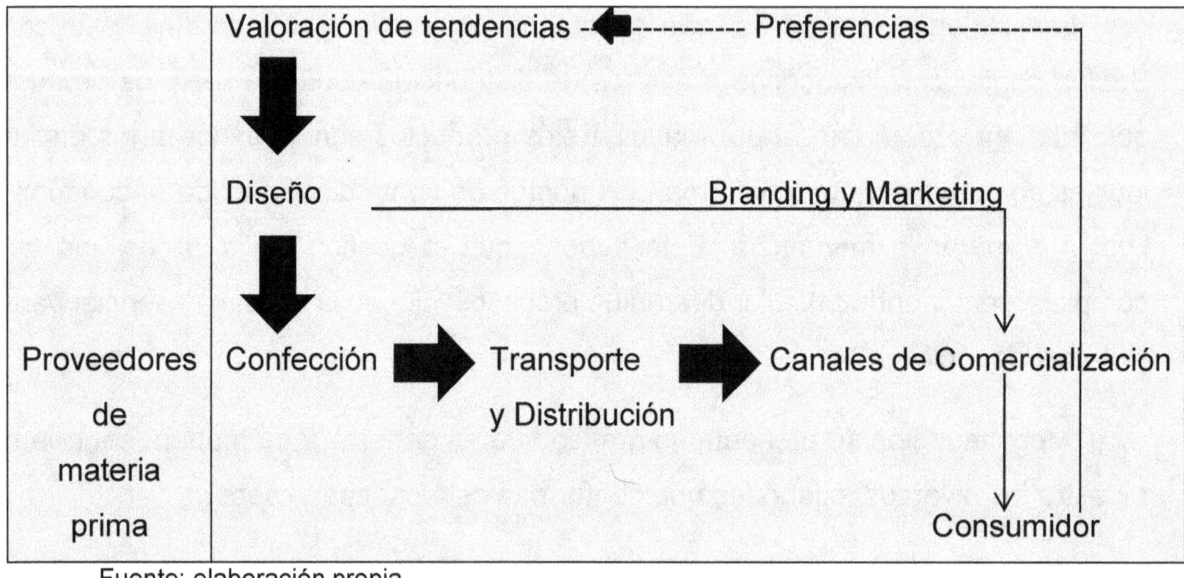

Fuente: elaboración propia

En detalle se citan los principales eslabones en este gráfico:

- **Proveedores de materia prima/ Suministro**: el primer lugar de la cadena de suministro como es de suponer lo ocupa la materia prima con las que la empresa trabajará en la confección del producto. En esta primera fase de la cadena se dará respuestas a interrogantes como de dónde provienen las materias primas, cómo se consiguen y en qué plazos se recibirán. Es un eslabón de alto impacto pues a falta de la materia prima requerida y esperada en determinado tiempo se impacta en inicio toda la cadena consecuentemente.

- **Diseño/Confección**: La segunda fase en la cadena de suministros es la fabricación propiamente del producto. Una vez nos ha llegado la materia prima de forma correcta, podemos iniciar con la fabricación y puesta a disposición de los productos terminados. Esta confección se ejecuta considerando un diseño que que resulta de la evaluación de las tendencias en el mercado, provenientes de las preferencias de nuestros clientes, así como del comportamiento anterior del mismo en las venta en los diferentes puntos de ventas tanto los físicos como los online.

- **Transporte y Distribución**: La última fase troncal de la cadena de suministro es la distribución de los productos. Una vez ya se han fabricado los mismos, se envían a los distintos centros de distribución que a su vez lo acercarán a los diferentes locales comerciales o puntos de ventas, o bien los almacena para su distribución con la información proveniente de las ventas online para que finalmente logren llegar al consumidor final.

En otro sentido es vital saber que dadas las características del mercado actual, cambiante, desafiante, la gestión de la cadena de suministro efectiva es la manera de mantenerse en el mercado de manera exitosa y avanzar; la velocidad, la flexibilidad y la eficiencia se han convertido en los pilares claves dentro del sector minorista. Es fundamental entonces desarrollar un sistema de gestión que esté siempre preparado para dar respuesta a las nuevas exigencias del mercado, como el incremento de la demanda o el lanzamiento de productos.

La industria del fashion retail no escapa a lo antes descrito, viéndose desde sus inicios en la misma encrucijada: cómo diseñar el producto correcto, disponerlo para el cliente adecuado, en el tiempo demandado y a un precio justo. La respuesta radica en vincular todas las etapas de la cadena de valor (diseño, producción, distribución, y comercialización), que coloque como elemento central al consumidor final y la satisfacción de sus preferencias y necesidades.

En la siguiente tabla se muestra como algunos líderes mundiales en este negocio tienen estructurado su cadena de suministro:

Tabla No. 1 Estructura de Cadena de Suministro de líderes mundiales

EMPRESA	DISEÑO	PRODUCCIÓN	DISTRIBUCIÓN	RETAIL	IT
Inditex	Interno	50% propia y 50% outsourcing	Cds propios central y tte. Outsourcing	Locales propios Gestión propia	Integración Total Decisiones centralizadas
H &M	Interno	100 % outsourcing	Cds propios central y tte. Outsourcing	Gestión propia	Integración total Decisiones centralizadas y regional
United Colors of Benetton	Interno	20% propia y 80% outsourcing outsourced	Cds propios central y tte. Outsourcing	Más de 90% franquicias y menos del 10% propio	Integración parcial
GAP	Interno	100 % outsourcing	Cds y tte outsourcing	Gestion propia	Integración parcial

Fuente: elaboración propia

Ahora bien, además de adaptar nuestras estructuras organizativas para darle respuesta a la volatilidad del mercado, debemos hacernos la pregunta ¿cómo vincular las etapas de la cadena de suministro?

Modelo Lean Retailing aplicado al fashion retail

La aparición e incorporación progresiva de la tecnología en la comunicación y la automatización, así como la creciente competencia internacional han creado las condiciones propicias para la aparición de lo que hoy se denomina como Lean Retailing, viniendo en mucho a dar respuesta a la volatilidad de la demanda y los riesgos asociados al manejo de inventarios.

La teoría lean, es una filosofía de gestión de procesos derivada del Sistema de Producción Toyota (TPS) que se basa en que todo gasto de recursos que no genere valor para el consumidor final es calificado como un desperdicio. Al aplicarlo al fashion retail se trata de descartar de la cadena de valor toda mercancía no atractiva para el cliente e invertir esos recursos en incrementar la disponibilidad de los productos deseados. En otras palabras, se intenta responder lo más exactamente posible a la pregunta de todo retailer: ¿cuánto comprar o producir de un determinado SKU (stock-keeping unit)?. Pero, ¿qué es un SKU ,? es un código único que consiste en letras y números que identifican características de cada producto, como su fabricación, tipo de prenda, marca, estilo, color y talla. El propósito del mismo, es ayudar a la empresa a contar cada pieza de su inventario de manera correcta y más rápidamente.

A pesar de lo complejo de la gestión por la gran variedad de SKUs, así como por toda la gestión comercial propiamente dicha que hay que sostener con proveedores, canales comerciales y clientes, la respuesta a esta pregunta es relativamente sencilla. Basta con entender el basamento teórico de la gestión de inventarios y del reaprovisionamiento, identificar las variables que constituyen la volatilidad de la demanda en un producto dado y determinar cómo minimizar el valor de las mismas.

Pero en la práctica, ¿cómo manejar el inventario de manera que no haya quiebre o sobre stock? ¿cómo reducir el stock de seguridad, basado en la certidumbre de la información? La disminución del tamaño de lote se traduce en menores tiempos de fabricación y por consiguiente en una reducción del lead time, L (tiempo de espera, de entrega). Asimismo, la adecuada localización geográfica de los centros productivos y los mercados a abastecer favorecen la disminución de los tiempos de transporte, que suponen igualmente una disminución del lead time.

Por otra parte, lograr transmitir la información de ventas en tiempo prácticamente real, empleando para ello la captura de datos en el propio punto de ventas y apoyándose en el uso de los códigos de barras y los equipos requeridos para su lectura, así como en las comunicaciones electrónicas -Internet y EDI (desde sus siglas en inglés, Intercambio Electrónico de Datos) y que la misma se traslade a la brevedad al modelo forecast para determinar el tamaño recomendable de lote ha sido uno de las grandes avances en la gestión de toda la cadena de suministro asociado al negocio del fashion retail.

Es preciso resaltar y tener claro que los beneficios del Lean Retailing se preservan y maximizan en tanto la información esté aprovechable en todos los eslabones de la cadena ya mencionada. Dicho de otro modo, cuanto mayor sea la integración de la cadena de suministro, desde la etapa de diseño y fabricación al punto de venta, mayores serán las posibilidades de eliminar las "fuentes de desperdicio" y de conquistar la máxima rentabilidad a partir de los recursos invertidos.

Beneficios de la innovación tecnológica al servicio del Lean Retailing

Es significativo resumir cuán importante y trascendente ha sido el impacto y uso de los avances tecnológicos en toda la operación del fashion retail, de hecho, desestimar y no invertir en ello como soporte para el éxito de este tipo de negocio es estar de cara al pasado y próximo a la no sobrevivencia, ni presencia en el mercado. Así se mencionan a continuación algunos de sus efectos sobre la operación:

1. El empleo de códigos de barras estandarizados para el registro de ventas hizo posible lograr la recolección de los datos requeridos para clarificar la precisión del forecast, ajustar la oferta a la demanda y reducir las ventas a precios de liquidación.

2. La implementación de protocolos de intercambio electrónicos de datos – EDI –aceleraron las comunicaciones con proveedores, consiguiendo con ello: en primer lugar, la reducción del tamaño de lotes y del riesgo asociado al mantenimiento de inventarios; y en segundo lugar, la ampliación y multiplicidad de la base o cartera de proveedores reduciendo de esta forma, dependencias. Y en tercer lugar, también benefició en la deslocalización de los centros de producción y distribución, prescindiendo de así las barreras geográficas.

3. El hacer posible el envío de pedidos de mercancía a los diferentes punto de venta, basados en su individualidad, es decir, de acuerdo a su base de ventas registradas, ha sido un conquista sin precedentes; obtenida por la implementación de las tecnologías de información en los centros de distribución, consiguiendo la consolidación de los pedidos provenientes de los diferentes proveedores apostados en distintas ubicaciones geográficas, todo lo cual finalmente se ha transformado en el mantenimiento o en el alcanzar economías a grandes escalas emanadas de la negociación de descuentos por volumen.

4. A través de la innovación tecnológica en diseño, manufactura y robótica para la automatización en la preparación de pedidos en los centros de distribución; se ha alcanzado el aumento de productividad en las operaciones, rescatando recursos que han sido posible emplear entonces en la reinversión.

5. Y finalmente, Internet ha favorecido la aparición de nuevos canales de comercialización como la venta online, la llamada E-commerce, que se tratará en capítulos siguientes de manera detallada. La estrategia comercial así, ha sido unificada tanto en sus canales físicos (offline) como en los online, todo ello poniendo como centro de una visión al cliente. Existen diversos estudios que muestran como la localización de una tienda física ya no es fundamental para el triunfo de un comercio.

CAPÍTULO 3

EL CONSUMIDOR. COMPORTAMIENTO DEL CONSUMIDOR. SUS EXPECTATIVAS Y DESEOS.

Hubo un tiempo en que la industria de la moda parecía articularse en forma de pirámide. En la cúspide se encontraba la alta costura, en el centro las grandes marcas y en la base, una enorme cantidad de distribuidores de ropa para las masas. Pero este ya no es el caso hoy en día.

Han aparecido nuevos actores, como las empresas de ropa urbana o las casas de semi-alta costura. Además, los consumidores, lejos de unirse a un concepto en particular, no dudan en mezclar un bolso de Louis Vuitton con unos jeans de Gap. En definitiva, hoy en día cada persona es su propio estilista.

En el trasfondo de esta tendencia a unir el lujo (diseñadores de alta costura) con las marcas populares está la paulatina reducción de beneficios de estas empresas, que les hace buscar alternativas imaginativas de forma permanente. Por otra parte, la democratización de la moda ha hecho que grandes empresas distribuidoras.

Por otra parte, la democratización de la moda ha hecho que grandes empresas distribuidoras, como los hipermercados Wal-Mart, inunden el mercado con sus prendas baratas sin gastar mucho dinero en marketing ni tener espacios de venta especialmente atractivos.

Ahora bien, realmente todos los negocios, al final se tratan de la misma cuestión, vender. Desde allí indica claramente que el modelo comercial que se desarrolle, por supuesto también en el fashion retail, debe considerar los planes, procesos e iniciativas que se dirijan a alcanzar los resultados esperados. Dicho sea, vender a alguien, con la mayor cantidad, margen y frecuencia posibles. Dicho esto, insertémonos en el mundo de nuestro cliente consumidor.

El cambio continuado del ambiente, de los hábitos, de las necesidades, de estilo de vida, de las relaciones de esas y muchas más variables ha contribuido sin lugar a dudas en que los consumidores o clientes cambien sus patrones de consumo. Cada vez son más las personas que a la hora de adquirir productos de diversa índole se deciden por una empresa retail y no de una pequeña tienda, esto incluye también los relacionados con la moda. Pero ¿Por qué esto sucede? Fundamentalmente porque esa le ofrece una serie notable de ventajas, tales como estas:

- Los artículos tienen un precio mucho más económico, generándose ahorro significativo.

- Ofrecen una amplia gama de posibilidades, con gran variedad del mismo producto.

- Es común que de modo periódico, se lancen promociones, descuentos y ofertas especiales que contribuyen al ahorro asociado al menor costo.

- Los horarios de venta al consumidor final son mucho más extensos.

Ahora bien, que podemos decir del cliente, que es lo más importante que tenemos. Pues bien, la actividad de una empresa empeñada en conseguir una fórmula exitosa, básicamente es aquella que busca colocar en el centro al cliente.

Tan así es, que grandes empresarios y visionarios como Sam Walton, fundador de Walmart, decía: "Hay un único jefe: el cliente. Y es capaz de despedir a todo el personal de la empresa, desde el más alto cargo hasta el último de la fila, solo con gastarse su dinero en otra parte".

Estando inmersos en un mundo cada vez más automatizado, cambiante incesantemente, con información que no se detiene, dirigida a todo los consumidores, en todos los rubros y sobre cualquier tipo de producto, entre las preguntas de oro a hacernos como empresarios se encuentra: ¿Cómo logro diferenciarme? ¿Cómo logro que el cliente dirija su atención hacia mí? Hacia mi producto, hacia mi empresa?

La respuesta está en el cliente, siempre está en el cliente. Pero tenemos que hablar con él, preguntarle bien, conocerle y saber qué nos compra y por qué... y qué es lo que estaría dispuesto a comprarnos y nunca nos compra. Tenemos que escucharle de forma activa e interpretar las señales de lo que hace o deja de hacer, así como de los motivos que le mueven en cada momento. Todo esto es vital para que podamos ofrecerle al consumidor aquello que está deseando comprar.

Definitivamente la respuesta pasa por lo que tiene que ver con la "experiencia de compra". Pensando en las partes componentes de esta ecuación, se encuentra nuestro vendedor...está preparado para hacerse cargo de esta inmensa responsabilidad y reto? Estudios han demostrado que algo tan básico como el saludo, si leyó Ud. bien, el simple saludo, es hoy día algo diferenciador.

Los equipos de trabajo en muchas de estas tiendas, pareciesen o no están entrenados para ello, para dar el carácter emocional a la venta. Básicamente porque en un inicio al ser contratado solo están enfocados en vender como tal, es decir, reponer mercancía, colocarla en sitio, cobrar en caja y alguna otra tarea más; pero, ¿qué pasa cuando le pedimos que sea un "amigo" del cliente?

En la ecuación de la venta, también está inmersa la emocionalidad de quien vende... lo que viven en su tienda en el día a día, los afecta, imaginemos un día de ventas en "Black Friday" o en una tarde de sábado con rebajas espectaculares. Aquí la empresa no solo debe asegurarse que el cliente sea su razón de ser o "centro de la operación", si queremos ser diferenciados de otros, es impostergable el replanteamiento de la atención de nuestro cliente interno, incluyendo sin duda en las políticas, normas de la organización, su adiestramiento y formación, adiestramiento; solo y si, trasmitimos nuestro acompañamiento a los colaboradores, el ADN de la empresa será saludable, y esto en consecuencia lo recibirá de primera mano nuestros consumidores.

La figura del vendedor en nuestra tienda alcanza protagonismo, él o ella en su acción sobre nuestro cliente consumidor marcará la diferencia. Preguntémonos: ¿son verdaderos profesionales de la venta, expertos en su especialidad de producto o servicio? ¿Están nuestros vendedores en condiciones de competir con el "vendedor Google"?,

Las necesidades del cliente evolucionan a un ritmo enérgico, y hoy en día las tecnologías viabilizan retos inconcebibles hasta hace tan solo unas décadas atrás. Así, el surtido se puede ampliar y profundizar virtualmente tanto como queramos, sin necesidad de grandes inversiones al respecto.

Insistimos nuevamente, la proliferación de la telefonía móvil inteligente con conexión a Internet y otros dispositivos móviles, en la que es viable consultar desde el mismo punto de venta la información técnica del producto, el precio recomendado, las alternativas de producto, etc; nos pone en serio aprietos, si no estamos preparados, pues lo que se ha denominado hoy día showrooming, nos tiene impactado, ya que ¿Qué opciones tiene con respecto a esto el retail físico y tradicional? ¿Cómo no perder clientes en el mismo punto de venta?

Volvemos entonces nuevamente a la solución posible, la experiencia de compra aporta el valor diferencial, es lo que denominamos el neuromarketing, supone que la que la compra se convierta en una experiencia positiva y memorable para el cliente. Pero, ¿cómo logramos eso?

Pues tenemos que trabajar en la mente de nuestro cliente.

El producto, su calidad, una tienda preciosa o un servicio extraordinario ya no son suficientes para vender, no te diferencian; más obviamente deben estar presentes y deben ser asumidos como básicos para estar activos en el mercado.

Si queremos destacar, debemos dar el plus, el gran salto, tenemos que entrar en el mundo de las emociones del consumidor. Más que clientes buscaremos construir fans, y eso decididamente pasa por la emocionalidad de nuestros clientes. Debemos estar muy claros en quienes somos, cuales son las raíces de nuestra marca.

Para diferenciarnos e impactar el mundo subjetivo del cliente, debemos por ejemplo, hacer que las tiendas sean lúdicas, en el sentido de no poner límites en el deseo del cliente de probar un producto. Lograr activar el niño interno que habita cada cliente y que lo logre expresar en nuestra tienda, decididamente es una experiencia única, que une la vivencia en clientes familia, amigos, pares, compañeros de estudios o trabajo.

El concepto de sentir la marca resulta bastante familiar hoy en día, pero fue hace ya más de un siglo cuando los distribuidores comprendieron que la experiencia de compra tenía que ser sentida por los clientes como una auténtica aventura. Hasta comienzos del siglo XIX, el sistema de venta estaba muy regulado mediante gremios

El espacio físico de nuestras tiendas deben ser prolongaciones de los valores de nuestra marca en el mundo "real"; generemos experiencias integrales; cuidemos hasta el más mínimo detalle, desde el olor, a la disposición de la iluminación, colores, mobiliario. El interiorismo crea espacios en los que sentir emociones. Un buen posicionamiento de marca radica en lograr establecer unos fuertes lazos de unión que se dan entre esta y unos atributos determinados en la mente del consumidor, el interiorismo comercial es una parte vital para fortalecer y ejemplificar esos lazos, la más creíble y eficiente, por ser la más cercana a la gente, pues la podemos sentir, tocar, ver, oler, oír.

Cualquiera de nosotros y ante una misma necesidad, como es el comer, en virtud de diferentes situaciones que ejemplificaré, deseamos servicios y sensaciones tan diferentes que estamos dispuestos a pagar por ello cantidades que en nada tienen que ver las unas con las otras: así, no es lo mismo salir a comer rápidamente de nuestra oficina con compañeros de labor y consumir un "menú ejecutivo" por demás popular, cuando tomamos un respiro de un trabajo que nos tiene concentrados y estresados, a lo que esperamos encontrar o deseamos si salimos una tarde de domingo a comer con los niños o bien en una cena romántica de aniversario con nuestra pareja.

La necesidad aparente y común del cliente es la misma: la comida. Pero las expectativas del mismo cliente, y ante la misma aparente "necesidad", se modifican enormemente dependiendo de un gran número de variables. Por lo que la satisfacción con el producto o servicio adquirido estará en función de esas circunstancias diferenciales.

El producto y su calidad son indispensables, más no son definitivos para la selección de compra en nuestra tienda de moda. Son muchas las variables que toman en cuenta los consumidores cuando de elegir se trata entre comprar en una u otra tienda. Cada persona, es una individualidad y como tal otorga importancia a aspectos diferentes, así dependiendo de una infinidad de circunstancias modificamos tanto nuestras preferencias como nuestras expectativas; inclusive hasta mis preferencias, gustos pueden evolucionar dependiendo de las situaciones.

Es prácticamente imposible, por tanto, satisfacer mediante un único modelo comercial, aunque sea mixto y muy complejo, a la totalidad de los consumidores potenciales, aunque tengan la misma necesidad, como lo es vestir o bien comer. Para ejemplificar veamos: mi forma de vestir es diferente cuando trabajo a cuando disfruto de un fin de semana en la playa con la familia. Y qué decir de cuán distinto vestimos un día de excursión a la montaña o cuando vamos de fiesta una boda.

Volvemos otra vez, a lo ya comentado como primordial; el conocimiento real del consumidor, de lo que necesita y siente es indispensable. Hemos de saber qué es lo que quiere el cliente, aunque él mismo no lo tenga muy claro, ya que de ello depende que el modelo de negocio que creemos sea un éxito o un fracaso, así que hablar con el cliente, conocerlo, tratarlo es decididamente imprescindible para tener éxito en la elección, construcción y optimización de un modelo comercial de futuro, que satisfaga las expectativas de nuestros clientes.

Para lograr nuestro cometido es útil preguntarnos:

- ¿Cuáles son sus necesidades y deseos?
- ¿Cuánto dinero está dispuesto a invertir en satisfacer sus necesidades?
- ¿De cuánto tiempo dispone?
- ¿Tiene transporte propio?
- ¿A qué le da importancia y a qué no en cada momento?:
- Proximidad, comodidad, surtido, precio, calidad, diseño, servicio
- ¿Cómo se siente cuando compra?
- ¿Qué puedo hacer para fidelizarlo sin retenerlo?

Aportando mayor información, sumando a la que hemos venido comentando indica, que lo agitado de la vida de hoy, ha impulsado una nueva forma de comprar, bajando el precio brutalmente por categoría. Así un día apareció lo que en el mundo de la moda se le llama "fast fashion" o dicho en español "pronto moda", que es un símil con lo que ha pasado en el mundo de la alimentación y su "fast food".

Esto ha dado respuesta a un segmento que dicta maneras de hacer las cosas en materia de moda hoy día, ha sido un éxito, porque nuestra sociedad consumidora es desesperada, quiere todo rápido. Justamente esto favoreció un cambio substancial que muchos aún no entienden y por eso los negocios de Mono-Logo-Brands en fashion retail van hacia el abismo indeteniblemente. No logra hacer una "insight" que les clarifique que esta estrategia ya es arcaica y que quien quiera hacer negocio en este mundo debe olvidarse de sus marcas estampadas, trabajar con entregas diarias y no más temporadas. Renunciar a tácticas basadas en precios altos; para centrarse en frecuencia, precio y volumen de entrega para lograr ventas y en una verdadera logística de multi-sourcing global que llegue de inmediato a pisos de venta con lo último de la moda.

La gente busca moda... accesible, quiere verse fashion pues es la forma de verse In y, hoy por hoy, quien trae moda con mono-logo está out.

Aquí entra en juego la urgencia de captar a los millenials, a este segmento de la población que se han convertido en los "influencers" que generan las tendencias a toda la sociedad consumista. La diversidad de marcas los atrae. Siendo que los padres, los chicos quieren verse como ellos. Pues quienes <u>deberían</u> dirigir la estrategia de ventas entonces son ellos, que definen un estilo de vida y se convierten en los "categorie killer" en nuestros negocios de moda.

Lo que ellos hacen, dicen y usen lo replican otros segmentos. Ellos que gustan de comprar "fast fashion", les encanta también el shopping de fin de semana y compartir por sus redes sociales sus decisiones, influenciando así a su grupo familiar y social, en otras palabras, los millenials están convirtiendo nuestra sociedad en una super smart shoppers.

Así que la tarea de todos los que no se han reinventado es hacerlo ya, porque de lo contrario la premisa es: renovarse o morir. Por lo que, la elección del modelo comercial y de los procesos de los que nos sirvamos para lograr nuestras ventas definirán el objeto de nuestro negocio y determinarán nuestros resultados.

Finalmente, a manera de conclusión, podemos comentar que los días en que los consumidores eran leales a una marca son cosa del pasado. Nadie quiere vestirse de los pies a la cabeza con prendas que proceden del mismo diseñador –sobre todo si están marcadas con los omnipresentes logotipos. Las tiendas que vendan ropa de diferentes marcas (conocidas o por descubrir por el gran público) serán las que más éxito obtengan. La aparición de marcas de "moda rápida", como Zara, H&M o Mango, son consecuencia de la demanda de prendas que puedan llevarse con otras más caras. Los consumidores son cada vez más exigentes y lo que desean por encima de todo es construir su propio estilo personal.

CAPÍTULO 4

MARKETING RETAIL

No se puede perder de vista, el entorno, cambiante a nivel local, regional y mundial, todo afecta el ejercicio del fashion retail; la rapidez con la que se suceden estos cambios es tal que ha hecho casi inútil tomar previsiones a largo plazo, teniendo que las marcas, las empresas estar respondiendo a nuevos retos continuamente. Así como el impacto de las nuevas tecnologías. Es tal, que ya no se puede decir que el producto que comercializamos es lo más importante, sino como se vende. La globalización ha hecho que se pierda en mucho la originalidad, las creaciones de muchas marcas son copiadas rápidamente, y en muchas tiendas es difícil diferenciar sustancialmente entre unos u otros.

Siendo así, pareciese que debemos considerar muy en serio para estar en mercado ¿qué hacemos en relación a la atención al cliente y como entramos en el mundo de la tecnología y redes para beneficiar nuestro negocio?.

Si echamos una rápida mirada en lo que ha sido la evolución de las pautas de consumo, podemos comprobar cuanto han cambiado algunos aspectos primordiales. Así hasta hace un tiempo la elección de marcas era un tema sencillo, bastaban dos o tres productos de marcas diferentes y el surtido resultaba razonable. Era más sencillo destacar y ser originales. Hoy día, la cantidad indetenible de marcas que existen de cualquier producto le ha puesto difícil al consumidor o cliente la elección.

Hacer "publicidad" de tu marca era otro mundo, toda ella se concentraba en pocas medios, algunas emisoras de radios, canales de televisión o periódicos, era fácil impactar al público objetivo. Ahora la multitud de medios publicitarios más lo que ha traído consigo internet y las redes, ha hecho imprescindible la segmentación o micro segmentación del público objetivo.

La unidireccionalidad de la comunicación, quedó hace rato en el pasado. Ya es imposible ni pensar en ella. Se ha demostrado en diferentes investigaciones que más del 70% de los clientes poseen teléfonos inteligentes. Hablamos de un cliente conectado a internet prácticamente las 24 horas al día, con posibilidad de acceder a cualquier información deseada o bien generarla.

De igual forma, vivimos una época en la que la moda tiene una presencia inusitada en la sociedad. Solo hay que abrir una revista o sentarnos delante del televisor para darnos cuenta de que las marcas de moda lo inundan todo con sus mensajes. Pero ¿qué es lo que realmente hace que estas omnipresentes marcas logren conquistar a los consumidores: la imagen, la publicidad o el marketing?

El marketing para el sector retail tiene sus propias características.

Los retailers tienen una necesidad trabajar la atracción de manera muy específica. Para ello, existen las llamadas 4Rs del retail marketing. Una filosofía que conceptualiza la compra como un proceso, no como una acción. Esas 4 R's son:

Relevancia: los esfuerzos de marketing que hagamos deben estar alineados con las expectativas y necesidades de los potenciales clientes, manera en la cual el mensaje y la oferta les resultará atractiva.

Relaciones: el vínculo, el "engagement" que se construye con trabajo sostenido por parte de la empresa, en la que se pretende lograr la recurrencia del comprador, el ir y venir una y otra vez, es la clave en el retail marketing, es de hecho, lo que sostiene esta relación.

Recompensa: el mercado actualmente es sumamente competitivo, existe un sin fin de promociones, descuentos, propuestas de beneficios para los clientes, lo cual invita a que sin detenimiento la empresa debe invertir en una propuesta en la que el cliente sienta que definitivamente a través de la compra de nuestro producto, en nuestro local está obteniendo el beneficio muy superior al posible por otra vía o en otro sitio.

Reducción de costos: la última clave, pero desde luego no la menos importante, es la economización y racionalización desde la inversión en atracción a la obtención de stocks.

Ahora bien, que podemos decir del cliente y su poder y la influencia de este marketing. El cliente ha alcanzado un poder que nunca antes tuvo. La eclosión de Internet y las redes sociales le han dotado de potentes herramientas de comunicación, con las que puede influir en un círculo social y profesional cada vez más amplio.

Como consecuencia, la publicidad está inmersa en una profunda transformación. Hemos pasado un modelo de comunicación unidireccional dirigido a grandes masas, a un modelo de interrelación con grupos e, incluso, con personas. El cliente ha adquirido una nueva jerarquía, quiere ser reconocido, opinar y ser escuchado. Ahora la comunicación es bidireccional entre el consumidor y las empresas.

Todo esto plantea un gran reto para las marcas. Para llegar al consumidor deben evolucionar y transformar sus departamentos de marketing y comunicación. Muchas empresas del comercio han empezado ya ese camino, pero una mayoría debe ponerse en marcha sin mayor demora, para comprender de verdad lo que el consumidor de hoy día demanda.

Hoy en día, son muy pocos ya los que todavía piensan que el marketing tradicional por sí solo es capaz de influir en las decisiones de compra de los consumidores. Estos quieren saber qué hay detrás de una marca, lo que esta puede ofrecerles a cambio de su dinero.

Para muchos diseñadores, el secreto está en crear una especie de novela con la que la gente se sienta identificada y sea capaz de pagar por sentirse protagonista de la historia.

Crear una identidad propia es el único camino para las empresas de moda que comienzan desde cero y que tienen que competir con marcas de renombre, con historias glamorosas o con el afamado diseñador que está detrás de algunas creaciones.

Marketing Online

La tecnología es el mejor vendedor para el cliente. Es común en una comunidad de vendedores poder escuchar, que el principal vendedor que tiene hoy día cualquier empresa se llama Google. Pero esto va mucho más allá, pues este vendedor determina en nuestro consumidor, en nuestro cliente, que comprar y en donde comprarlo, ya sea una tienda física o electrónica.

Cualquier empresa auténticamente centrada y consciente debe asimilar que sin lugar a dudas, que la data que se genera a partir de los diferentes foros, blogs o comunidades de usuarios de nuestra marca son la información relevante que apoya la decisión que toman nuestros clientes en relación a su compra. Internet ya no solo es hacer uso, monitorización y control de redes. Internet, ya es el medio que emplea nuestro consumidor del siglo XXI en cuanto decidir que necesita y como conocer mejor el producto que necesita, en su investigación de catálogos, modelos de todos las marcas fabricantes, ya no hay nada que esconder todo está allí!!! Entonces que haremos con eso si deseamos que nuestra marca se posicione y continúe de manera exitosa en el mercado.

La tecnología aplicada a la venta ha cambiado las reglas del juego, en lo que se refiere al marketing online o "en línea"; lo que también se denomina e-commerce. Inicialmente el uso de este tipo de plataformas para la compra y para hacer publicidad expedita, al momento se ha basado en el miedo a lo desconocido, con su correspondiente resistencia al cambio. Mas ha sido menester si hoy deseas mantenerte en el mercado el aplicar nuevas recetas pues ya las del pasado pareciesen no dar respuestas a las necesidades del hoy.

Ahora bien, si de Estrategias de Marketing para tu negocio se trata, basadas en el e-Commerce de Moda, es interesante hacerse estas interrogantes:

1- ¿Deseas convertir tu negocio en un IT-Commerce?

2- ¿Deseas aumentar tus ventas Online?

Si tus respuestas a ambas son positivas, entonces empecemos a considerar las estrategias a implementar de manera sencilla:

1.Diseño de tu web:

Debes asegurarte de que estas en la plataforma adecuada, que los diseños favorecen tu imagen, que existe un equilibrio visual y de contenido. Debes invertir tiempo en lograr que cada día más sea sociable y más fácilmente navegable; para ello es indiscutible la necesidad del cambio y actualización constante, considerando sin lugar a dudas el tipo de uso y navegación de nuestros clientes. Podríamos resumir como puntos clave los siguientes:

Equilibrio visual: concentremos en si el diseño se ajusta a nuestros valores de marca, a lo que nuestro cliente quiere encontrar y a la imagen que queremos transmitir

Navegabilidad sencilla e intuitiva: debemos hacer caso omiso a los e-commerce rebuscados, con miles de pestañas, categorías, subcategorías. Hagamos una web sencilla. Estas son mis colecciones. Estos son mis productos. Esta es mi forma de vender y punto. Aquí perfectamente hace sentido el dicho: "menos es más"

Producto atractivo: debemos, si debemos aunque la palabra sea impositiva, valorar la importancia de las fotos del producto y de cómo se muestran. Las fotos tienen que ser amigables, atractivas, en otras palabras, que despierten el interés de nuestro cliente y lo impulse a sumarlo a su "shopping bag", cartera de productos.

Sistema de pago eficaz y efectivo: nada de formularios interminables para poder realizar la compra y el correspondiente pago. Deben ser fácilmente entendibles, con datos básicos para poder procesar la compra.

Atención post venta y seguimiento de envío: no hay una fuente a la mano que genere mayor bienestar y confianza en nuestros clientes que asegurarnos de realizar una atención post venta impecable. Vale por igual al que te faciliten un sistema en el que por tu cuenta puedas hacer un seguimiento paso a paso de tu pedido, generas expectativas en positivo, evidentemente si cuidas que el cumplimiento de las condiciones acordadas se cumplan a pie juntillas. Existen estrategias sencillas de alto impacto como el envío de mails de agradecimiento, de cupones descuento para siguiente compra, etc.

2. Blog:

Hoy en día tener un blog es indispensable, tanto como disponer de una web. El cliente siempre se siente ganador, pues al aportarle información de su interés sin pedir nada a cambio, le genera la percepción de bienestar, valor agregado. Por otra parte, facilita tu ubicación o la de tus productos en los buscadores, posicionándote en los mismos, con el consecuente aumento de tráfico en la mirada y visita a tus productos.

3. Comunicación:

"Si no te conocen no te pueden comprar". La manera de que "exista" tu marca es apostar por los medios, las acciones que desde aquí se emprendan te facilitara la posibilidad de decirle al mundo ¡aquí estoy yo!

Es recomendable para efectuar las inversiones que te permitan un retorno de la misma en las condiciones aceptables para tu negocio, que evalúes la situación de tu proyecto y decidas a conciencia cuál de las opciones que te ofrecen los medios de comunicación es la que se adapta a tu propuesta.

Apuesta por Google Adwords /Adsense e invierte en anuncios que te faciliten estar de primero al menos mientras dure de tu campaña promocional. Apostar por un buen SEO en tu equipo que se enfoque en posicionar tu marca en el ámbito de tu competencia.

Copywriting para tu e-Commerce, es una de las formas más efectivas de comunicación online ya que te diriges en un 'One to One' a tu cliente llevándolo por el camino de la compra que tú has predefinido para él/ella. Hacer remarketing (o retargeting) con tu e-Commerce de Moda para hacer repesca de todos aquellos usuarios que han estado de paseo por tu web y que por algún motivo se marcharon sin hacer compras. Esto se puede lograr por ejemplo haciendo uso de Google Ads o contratando a un profesional o una buena herramienta premium.

No se debe desperdiciar el poder de herramientas como Facebook, Instagram y Twitter cuyos anuncios te pueden aportar mucho en tu apuesta por comunicación.

La moda decididamente es un sector en el que tienes que tener presencia, desfile de modas, que los "influencers" opinen sobre ti, que los VIP citen tu nombre. Pero no se riñe para nada con tu emprendimiento online, deben de hecho ir de la mano como una estrategia integral de marca.

4. Redes:

El uso de redes debe igualmente ser planificado y estudiado. Debes evaluar en cuales de ellas realmente se mueve mi cliente objeto. La seriedad de mi marca y su presencia exitosa en la misma radica en una planificación profesional que facilite generar contenidos de calidad, tanto en la narrativa como en lo visual, con regularidad, con objetivos claramente definidos. Es totalmente deseable que elijamos las que nos conviene.

Las estadísticas apuntan a que las redes que siguen en la punta en moda son Facebook, Pinterest e Instagram; sin olvidar Twitter, desde donde mueve mucho tráfico en e-commerce.

Abrir una cuenta en todas las redes sociales que existen y publicar el mismo contenido no sirve de nada. Tienes que encontrar las redes en las que está tu target y construir una comunidad de usuarios activos que colaboren y comenten. Para ello, es necesario invertir en contenidos de calidad específicos para cada una de las redes sociales en las que se tiene presencia.

5. Fashion Films:

Los estudios cada vez más apuntan a que los potenciales clientes buscan más contenidos visuales; convirtiéndose en el formato favorito de los usuarios, lo que está favoreciendo que los videos se estén consolidado como una de los medios más efectivos para lograr tráfico en la web. Cada vez más las marcas emplean piezas audiovisuales de corta duración con el propósito de contar una historia, transmitiendo sus valores, más que vender sus productos.

6. Revistas:

Las revistas tradicionalmente, tanto las impresas como las digitales, han sido un hábito común entre los clientes del mundo de la moda. Por ello, crear una revista o tener presencia en una de ellas lograr ayudar con tu cliente objeto. En este medio es precioso unir la promoción del producto o servicio con un contenido de la marca que sea definitivamente del todo interesante para tu audiencia.

7. Email Marketing:

Urge hacerse de una extraordinaria base de datos para activar esta estrategia de Marketing que con seguridad colaborará en mejorar tu e-Commerce. Es una táctica en la que la inversión es casi nula. Si tu base de datos es aún pequeña debes emplear tiempo en organizar tus campañas de email marketing con las que aportarás información, novedades y premios a tus clientes para que poco a poco sientan predilección por tu marca.

Diversos estudios hablan hoy día de los altos retornos por inversión que las campañas de email marketing están teniendo. La estrategia no solo involucra el tener una buena base de datos sino que en cada uno de tus envíos debes provocar la apertura de mail con tus titulares, enganchar al cliente con tus textos, convencer de que hacer click en los links es la mejor de las decisiones y que tu tienda tiene lo que están buscando aunque ellos no lo sabían.

8. Cuida tus envíos:

No hay nada que genere mayor valoración positiva y fidelidad de nuestra marca que un trato personalizado, con detalles para nuestros clientes; recibir una caja bonita, cuidada y pensada para el cliente, en el sensorial que le ofrece a tu cliente no tienen precio; una tarjeta en su interior escrita a mano, denotan el estilo y sello único de quien eres. Insisto que tampoco hay nada que aporte más visibilidad que en esa caja se invite a compartir el momento en redes sociales para que la sonrisa que tienes quede reflejada en un status, más una foto, más varios Me Gusta.

Packaging & merchandising, estos dos términos y practicas no debes olvidarlas. Es cierto que involucran una inversión adicional, más mirémosle desde otra perspectiva, en la que denota una inversión inicial, que a largo plazo se convertirá en clientes fascinados que pasan de ser ocasionales a repetitivos o recurrentes; entonces qué más podemos pedir!!

9. Descuentos:

Ciertamente en estos se deben trabajar, no son casualidad; son estrategias serias. Estas involucran una organización y planificación responsable. Veámoslo así, es un todo, en el que habitan las estrategias de precios, descuentos, anuncios, campañas sociales. Un calendario que denote para todos: cuando empiezan, cuando acaban, es decir, días de duración de la promoción, porcentajes de descuento, el stock necesario para atender estas propuestas, y todas las acciones en detalle a emprender. No perdamos de vista el uso, cada vez más extendido de los cupones!! Para ello ya existen hasta plataformas.

10. Bimarkentig o la combinación del On y del Off:

Las estrategias de marketing para un e-commerce de moda pueden ser variadas y cada una contribuye en la consecución de objetivos ya definidos.

Con este término lo que se pretende transmitir es que contamos con un sin número de herramientas, recursos, estrategias, acciones tanto online como offline con la que podemos conquistar que nuestra propuesta de moda sea todo un éxito.

Con Bimarketing me refiero a promover acciones offline que aporten a las ya iniciadas online. Con Bimarketing también hablo de integrar el off en el on, por ejemplo, si tienes una tienda física y además del portal online.

Hoy en día las estadísticas refieren que estamos en un '50/50' de usuarios que compran online y los que prefieren el offline y de allí debemos también estar al tanto que más del 70% de estos clientes, le gusta mirar online todo lo que después comprará offline. Entonces ¿Crees que vale la pena considerarlo como una estrategia de Marketing en e-Commerce? Creo que una respuesta razonable sería ¡sin duda alguna!

No dejemos de preguntarnos: ¿Cómo acerco mi marca a mis clientes? Las posibilidades son amplias y cada vez más.

Marketing Sensorial

En todos los medios citados previamente es imprescindible no perder de perspectiva el impacto del marketing sensorial; a través de nuestros sentidos: la vista, oído, gusto, tacto y el olfato nos apropiamos de nuestro mundo y lo introyectamos. Es absolutamente útil y es conveniente así recordar que existen estudios que aseveran que el ser humano recuerda el 1 % de lo que toca, el 2 % de lo que oye, el 5 % de lo que ve, el 15 % de lo que degusta y el 35 % de lo que huele. Siendo así, nuestras marcas tienen el camino abierto para ingresar al mundo interno de su usuario. Diseñemos entonces desde el protagonismo que sin duda alguna posee las sensaciones en lo llamado diseño industrial de nuestra marca y/o productos.

CAPITULO 5

TENDENCIAS Y REALIDADES DEL FASHION RETAIL.

¿Cómo surgen las tendencias?

Los fabricantes de las materias primas son el primer eslabón en la industria textil. Uno de los eventos más importantes del año en el sector, es la feria de materias primas textiles que tiene lugar a finales de septiembre en París, denominada "la Première Vision". En ella más de 800 fabricantes de tejidos de todo el mundo exponen sus mercancías a los diseñadores y compradores. Es de las más reconocida ferias, donde se puede encontrarse con los grandes del mundo de la moda.

Los exponentes son considerados los más dotados y especialistas en el marketing del comercio de tejidos. Toda la cadena de información que originará luego tendencias pasa por la sutil entrega de la misma, en la que el fabricante hace saber a su rival, en que se ha interesado el más o los más afamados diseñadores. El efecto imitación entra en juego para crear una línea por la que se desarrollará la tendencia que dominará; por supuesto sin obviar la influencia de lo que para ese momento sea vanguardia en la tecnología.

El objetivo de que todos los implicados en la cadena textil sigan los mismos caminos es reducir el margen de error en el mundo enormemente arriesgado de la moda. Si lo que guía a los fabricantes de tejidos, a los diseñadores y a los vendedores de moda es lo mismo, las ventajas económicas que resultan de la industria serán monumentales, porque se conoce a priori cuál será la demanda y en dónde hay que aglutinar los esfuerzos. La creación de tendencias es algo sutil y, aparte de la influencia que ejercen los fabricantes de tejidos, existen otras formas que refuerzan el proceso. La principal de ellas son las agencias creadoras de tendencias.

Estas oficinas están ubicadas en las principales capitales del mundo de la moda y de la industria asociada, como Paris, Japón e Italia, teniendo infinidad de asociados a nivel mundial. Los clientes que manejan no solo están directamente relacionados con la moda, sino con industrias que generan valores agregados como la de productos cosméticos o de interiores. Estas incluso llegan a desarrollar libros especializados en tendencias, que aportan la información que a sus usuarios, para el emprendimiento asociado a esa temporada o año.

Este tipo de organizaciones suelen contar con equipos altamente entrenados en la búsqueda de tendencias en todo el planeta; así se dedican a la observación del hecho social, con los fenómenos asociados, recabando la información, procesándola, analizándola y entregando un diagnóstico o descripción de la evolución de lo que se ha llamado "las tribus urbanas", y lo que se puede transformar en una tendencia, para luego en su análisis convertirlas en moda global.

Ahora bien, la competitividad en la industria del fashion retail ha implosionado a niveles que se han salido de control. En un contexto de presión extrema sobre precios, los retailers enfrentan dificultades crecientes para satisfacer a un consumidor cuyas preferencias cambian rápidamente. Es del pasado la etapa en que la industria se limitaba a competir por precio o diferenciación, ha llegado el momento de combinar ambas ventajas competitivas para ofrecer "glamour a precios asequibles". Para ello los líderes mundiales han apostado por la integración de sus cadenas de suministro.

En una sociedad que evoluciona a gran velocidad, la necesidad del consumidor actual de expresar su individualidad mediante su imagen ha provocado una notable avidez de renovación del vestuario, generando un deseo de consumo constante que, sin embargo, viene limitado por el ingreso disponible.

Esta combinación de circunstancias impulsa al consumidor a adquirir mayor cantidad de productos por un importe total menor. Desde la oferta, las bajas barreras de entrada en el negocio de retail se han traducido en una atomización masiva del mercado. Por otra parte, la liberalización del comercio internacional de textiles ha incrementado la presión sobre los precios, dado que ya que los diseños y tejidos de las prendas existentes en el mercado internacional son tan diversos como sus orígenes geográficos.

La rentabilidad del negocio es hoy más vulnerable que nunca al cambio de preferencias y al acortamiento del ciclo de vida de los productos. Es imperativo comprender estos cambios relacionados a la demanda, así como las variables macroeconómicas que alteran la oferta; todo ello facilitará la toma de decisiones que provean una apropiada gestión, en la se evitan las rupturas de stock en las temporadas o el sobre stock al fin de la misma que lleva a la liquidación que deteriora los márgenes de ganancia proyectados.

La respuesta a esta nueva coyuntura reside en el correcto balanceo de eficiencia en costos y rapidez de respuesta al mercado ofreciendo prendas y accesorios originales e innovadores a precios atractivos.

En otro sentido, no hay lugar a dudas que uno de los factores que retan al sector retail reside en la carencia de estándares en la calidad en atención al cliente que sean dignos de destacar.

La diversidad y las crisis de índole económica y social en distintas ubicaciones del globo terráqueo está forzando a que se produzca un intenso proceso de revisión a aquellos modelos de negocio que no aportan lo que el cliente espera o que no están alineados con la evolución requerida para seguir siendo efectivos y eficientes. Contrariamente, los modelos y las organizaciones que sepan aprovechar las oportunidades que se presentan en estos tiempos inciertos saldrán fortalecidos de los retos del hoy.

Han caído ventas en diferentes mercados con marcas globales como: Abercrombie, Aeropostale, American Eagle, Gap. Incluso marcas anclas como Ralph han liquidado a la mitad de su personal global y cerraron su tienda más icónica en Italia. De igual manera, dió de baja Ralph Lauren Black Label mundialmente, siendo impactado por lo que muchos conocedores han llamado la crisis del mono-logo brand.

Estas marcas han tenido dificultad para reinventarse, pues plantean moda sólo produciendo toneladas de prendas en serie con logos. Cada vez más la piratería, genera estragos, pues, ya no es atractivo portar una prenda que estará en un mercado popular al mismo tiempo que en el mall.

Las grandes marcas y tiendas de lujo están expandiendo su radio de acción, se han tenido que dar a la tarea de estudiar, investigar a su cliente, sin ello, no lograrían sobrevivir, así ya conocen cómo es el cliente, qué gustos tiene, qué cultura comercial le caracteriza. Pero ahora nos enfrentamos a una clase media que no acudirá a las grandes marcas inalcanzables para la mayoría, sino que buscará su identidad comercial en centros comerciales y tiendas más comunes y al alcance de la mayoría de los bolsillos.

Como clave para destacar en medio de este marasmo de impactos que recibe el sector por diferentes frentes, toca como ya he mencionado descubrir las necesidades y deseos que la sociedad ansía satisfacer, pudiendo entonces ofrecer a nuestros clientes los productos y servicios que están dispuestos a comprar. En la búsqueda de la consecución de ese objetivo, se tiene que utilizar, construir, interpretar y optimizar los modelos comerciales adecuados para cada tipo de actividad, cliente y necesidad.

No perdamos la vista interesantes mercados, América Latina tiene un potencial tremendo en retail desde segmentos D hasta el de lujo, son un paraíso para este tipo de negocios. En estas culturas es común los países consumidores adopters aspiracionales, easy influenced consumer, easy getters, triers & buyers y muy weekend mall oriented, esa es la ventaja y el riesgo para quien no sepa capitalizar el concepto.

Quiero resaltar una vez más que los espacios comerciales que triunfen en un futuro en el área del fashion retail, estarán asesorados por profesionales interconectados y multidisciplinarios, que serán conocedores de las tendencias, que trabajarán en conjunto, aquellos aspectos que sirvan para transmitir la esencia de la marca al consumidor. Destacarán los trabajos de distintas disciplinas como cité, que consideren, respeten y trasladen una marca con valores humanos fuertemente enraizados: imagen corporativa, diseño interior de los espacios, comunicación, marketing, selección de personal, comercio justo, etc. Todo, equilibradamente coordinado para transmitir un mensaje homogéneo, auténtico, preestablecido y con capacidad de empatizar con el cliente.

Al indagar en el mundo de la industria del fashion retail, podemos considerar como descripción del hoy en estas tendencias, lo siguiente:

El consumidor como diseñador de su estilo personal. Los días en que los consumidores eran leales a una marca ya son pasado. Nadie quiere vestirse de los pies a la cabeza con prendas que provienen del mismo diseñador –mucho menos si están marcadas con los omnipresentes logotipos-. Las tiendas que vendan ropa de diferentes marcas serán las que más éxito obtengan. La aparición de marcas de "moda rápida" o "fast fashion", como Zara, H&M o Mango, son resultado de la demanda de vestuarios que puedan llevarse con otras más caras. Los consumidores son cada vez más rigurosos y lo que desean por encima de todo es construir su propio estilo.

Creatividad y personalización. Los compradores quieren tener más donde elegir y que exista una mayor rotación de las prendas que se suelen vender en las tiendas. Los tejidos y los diseños son cada vez más innovadores y la búsqueda de originalidad está incitando a una vuelta a lo que fue la moda hecha a la medida.

Ropa de vanguardia. El "stylelife" acelerado, en movimiento constante de hoy día ha impactado también la moda; ya no queremos solo las marcas con diseños visuales espectaculares. Los clientes consumidores están cada vez más demandando prendas de mayor calidad, que sean fáciles de lavar, que no requieran de planchado y que sean tan ligeras que al viajar y deshacer el equipaje no percibamos ninguna arruga por ningún lado. Los tejidos "inteligentes", de avanzada, decididamente arrollarán.

Moral en el sector de la moda. Los movimientos de derechos humanos, donde la ética es imprescindible ha generado una mayor conciencia social; en el que el cliente exige que las prendas de vestir que decida comprar no hayan sido fabricadas mediante la explotación de trabajadores, en países en vías de desarrollo en donde prevalece la carencia de leyes laborales que los proteja.

Vender a través de la arquitectura, de las edificaciones. En muchos países desarrollados, donde el poder adquisitivo de su población es elevado, el acto de comprar ya no es una tarea puramente funcional. Es una manera de distracción, cual ida al cine o visita a una exposición de fotografía. Las marcas vanguardistas de éxito están dando respuesta a esta propensión creando espacios de venta que nada tienen que ver con las tiendas tradicionales, sino más bien con sitios íconos como museos, sitios únicos y pintorescos, parques temáticos, etc. El fin es crear una experiencia de compra a través de lo que representa el edificio donde se sitúa la tienda.

La edad. Ya no es más empleada como indicador por los que son líderes del marketing en las empresas de moda. Estamos hablando que los análisis demográficos por edades, parecen no ser útiles guias o puntos de referencia en relación a las tendencias.

Por último, no pasemos por alto que este es un sector en continua transformación. Las tendencias que terminamos de señalar pueden verse totalmente cambiadas de acuerdo a los gustos de los consumidores. La moda es así, su particularidad es esa, cambiante, lo que hoy fue mañana ya no será.

CAPÍTULO 6

EL RECURSO HUMANO, SU GESTIÓN Y EL STORE MANAGER COMO PIEZA CLAVE DE LOS RESULTADOS

Se suele escuchar que la gestión del recurso humano, de los trabajadores, de los empleados es "el gran problema y dolor de cabeza en las tiendas". Dependiendo desde donde nos instalemos a revisar la realidad que pasa por nuestras percepciones y sistemas de creencias, prefiero llamarlo "la gran oportunidad". Liderar un equipo, generando motivación y respeto, impulsados a dar lo mejor de sí porque creen en lo que hacen y los hace además felices, es un reto, hay demasiada gente en el mundo, miles, con seguridad millones, que han decidido estar en un trabajo porque sienten que no tienen opciones, el presentismo, el ausentismo, corroe las bases de esos equipos; es responsabilidad del líder guiar por un camino de crecimiento, autentico, genuino.

Amancio Ortega, fundador de Inditex, Zara y una serie de empresas más, dijo: "Yo quiero una empresa con alma, formada con personas con alma". Espero transmitir y reforzar a quienes ya lo saben y lo ponen en práctica, que la base del éxito reside en la gente, en esa que sonríe, que mira de manera especial, con deseos genuinos de servir, ellos son el sello de nuestras marcas, ellos son la cara final y con la que realmente se encuentran nuestros seguidores y clientes. Siendo así, ¿en dónde invertimos nuestro tiempo, atención y recursos?

¿Cuánto tiempo hace que no te sientas a solas con tus coordinadores, supervisores, vendedores, para revisar juntos su trabajo, felicitarle, animarle, hacerle ver sus fortalezas y áreas de mejora?

Las empresas y su cultura se componen de los valores que viven y comparten las personas que la integran. Desde el plan estratégico que se desarrolla en la alta esfera de toda organización, está claramente descrito, la visión, la misión y los valores que son deseables para los líderes de esa empresa, más no es sino ese hacedor, ese ejecutor, ese que día a día hace su vida en esa tienda, en ese local, quien dará alma a la empresa. Puede sonar un tanto poético, pero la verdad es que cada día más surgen investigaciones que demuestran que es un requisito impostergable que los integrantes de una gran empresa, se formen en resiliencia, felicidad, perdón. Trabajadores felices, harán posible empresas cada vez más productivas y exitosas.

El fashion retail, no escapa a esta verdad, mucho más cuando el producto que se comercializa, con su simbolismo, con el mensaje no verbal que aporta, toca de manera directa la autoestima, la autoimagen, el autoconcepto, dando fortaleza al "YO SOY", uno de los factores sobre los que se soporta la resiliencia que hace capaz al otro de hacer frente a los retos, saliendo fortalecidos de ellos, vivenciándolas como oportunidades. Hablamos del sentirse "perteneciente a", inclusión, reconocimiento a la existencia, ninguno de estos aspectos deben ser descuidados al momento de considerar quienes habitarán los espacios de cada una de las tiendas o "puntos de venta" de las diferentes cadenas o retail para servir a otros.

Muchos negocios miden la calidad del servicio como un indicador clave de su éxito, estamos hablando de un término más enfocado en la técnica, en la racionalidad. Es hora de incluir otro indicadores que midan la calidez del servicio; aunque de entrada pudiese parecer ser lo mismo, lo cierto es que la calidez en el servicio toca la emocionalidad, la energía, del encuentro entre ese que necesita de un producto y aquel que se lo facilita para suplir sus necesidades, en ese espacio justo entre dos, es que se da el real intercambio, en el cual podemos sin dificultad medir cual nivel de impacto tiene el entender que el encuentro basado en el calidez, brinda no solo un producto y una satisfacción de una necesidad específica, sino una experiencia completa de compra que envuelve todos los sentidos, viviendo el consumidor una experiencia multisensorial, con posibilidades auténticas de generar una fidelización. El calor humano, siempre será la gran ventaja y el plus en cualquier relación empática dentro de una tienda.

Dentro de toda la gestión de Recursos Humanos en la puesta en escena del comportamiento de los lideres naturales y jerárquicos del negocio del retail, está focalizarse en reclutar y seleccionar al gerente de tienda; sobre este recae la función no solo de velar por el soporte operativo que es la médula relacionado con la cadena de valor, es decir, la aplicación de los procedimientos y métodos de trabajo, asociados a los procesos propios del negocio como tal, todo el desarrollo comercial, sino que además debe responsabilizarse por guiar, instruir y liderar a todos los colaboradores que conforman el equipo de la tienda, y que a su vez, son los actores que facilitan la experiencia de compra, que es lo que hoy en día, capta, enamora y mantiene cautivo a un potencial cliente, garantizando el tipo de relación que se sostendrá con el mismo.

Hablamos de un líder nato, dinámico, apasionado por la moda, que logra trasmitir los valores y la imagen de la marca en su entorno, y asegurando los compromisos del servicio fiel al cliente.

Dar una respuesta adecuada a los consumidores exige irremediablemente buenos equipos humanos. Las innovaciones y las mejoras en los procesos que vive día a día el comercio sólo son posibles con el trabajo y la experiencia de miles de profesionales.

En el mundo de retail, decididamente en cuanto talento humano, una pieza clave, es el gerente o "Sales Manager"; es imprescindible pues es el nexo entre la operación, llamase ejecución y la estrategia que baja en forma de cascada hacia las bases del negocio. Siendo cierto este principio, la pregunta idónea es ¿Cuáles son las funciones o particularidades que generarán un mayor impacto sobre su desempeño?

La posición más compleja y que aglutina mayor variedad de tareas y responsabilidades, es sin lugar a dudas la del gerente o Sales Manager. Este se pasea desde lo más operativo hasta lo más estratégico, bregando con clientes internos y externos, gestionando desde informes de indicadores hasta sistemas informáticos de variable complejidad.

Se puede fácilmente y sin lugar a dudas, aseverar que las responsabilidades y el impacto de las decisiones de un Presidente, un Director o un Gerente estratégico de primera línea son muy superiores, no obstante, la complejidad y variedad de las funciones de un gerente de tienda son difícilmente superables.

El éxito de un desafío tan mayúsculo se soporta en una multiplicidad de factores.

Diversas investigaciones, entre ellas las del Corporate Executive Board, realizada en 65 organizaciones con al menos 2500 Gerentes o Sales Manager, en el que se evaluaron decenas de atributos de líderes de equipos de ventas de alto desempeño mostraron que existen dos tipos de habilidades gerenciales ineludibles para definir el éxito en la posición de un Gerente o "Sales Manager".

1.- Habilidades de Gestión o Management

Las habilidades gerenciales son comunes a cualquier posición gerencial dentro de una organización e incluyen cualidades típicas de liderazgo como la integridad, escucha activa, confiabilidad, team-building, gestión del desempeño, empatía, etc. Los resultados muestran que las cualidades genéricas o fundamentales de gestión de personas suponen el 25% del éxito de un Gerente o Sales Manager.

2.- Habilidades Específicas de Sales Management

A pesar que existen en la literatura investigaciones que apuntan a otros resultados, ha quedado demostrado que el 75% del desempeño de un buen Sales Manager viene determinado por cualidades específicas de liderazgo comercial. Por lo que para hacerse de un gerente de tiendas que dirija equipos de alto desempeño, es vital evaluar el potencial académico y experiencial del mismo.

Un gran vendedor no hace un buen Sales Manager necesariamente, pero un gran Sales Manager habitualmente ha sido un buen vendedor. Iniciando por las tareas bases de un cualquier negocio, el que dirige desarrolla habilidades y destrezas únicas que le permiten "saber, conocer" que hacer…él ya ha hecho la tarea antes.

El estudio del CEB, del que he venido hablando, claramente descubre y comparte cuales son las cualidades de un líder en su papel de Gerente o Sales Manager pueda alcanzar el éxito. Describe 3 categorías en el grueso de otras habilidades más que sellan la posibilidad del triunfo, a saber:

Selling

Su impacto es del 26% sobre el total de las habilidades gerenciales puramente de Ventas. Se requiere que el líder tenga claramente habilidades comerciales para poder hacer una gestión de su equipo efectiva, involucrándose de manera directa en las operaciones de gran envergadura de su equipo de vendedores.

Coaching

El estudio revela la importancia de esta habilidad en el éxito en la gestión y desarrollo del equipo con un 28% de peso sobre el total, siendo la segunda en orden de importancia. El coaching en sí mismo no es una actividad intrínsecamente relacionado con las Ventas, pero se hace cuesta arriba ser efectivo y eficiente en coaching comercial cuando se escasea de experiencia en ventas.

Owning

Las habilidades en esta categoría suponen el 45% del éxito de las habilidades de Sales Management y se dividen en:

Asignación de recursos: el cómo distribuir el recurso humano del que se dispone para el lo9gro de las metas, las actividades como tomar acciones correctivas o definir y asignar territorios o áreas suponen tan solo el 16% del éxito en las habilidades gerenciales de ventas.

Innovación. La habilidad más subestimada en un Gerente o Sales Manager es curiosamente la que mayor peso tiene entre todos los atributos con un 29%, ligeramente por encima incluso del coaching. Y realmente más que las ideas brillantes o la creatividad, la innovación, que es puesta en acción, en ejecución es la que permite avanzar, conseguir logros y gestionar el cambio.

La creatividad e innovación facilita conseguir caminos para salir adelante en los escollos que se pueden presentar en la operación, resolviendo situaciones que se pueden tornar críticas. El coaching es importantísimo y demuestra ser muy efectivo especialmente con los miembros con menos experiencia del equipo para ayudar a desarrollarlos. La innovación, sin embargo, es efectiva y necesaria con todos los miembros del equipo, especialmente con los más experimentados.

Poner en práctica la innovación en Gerencia de Ventas o Sales Management requiere análisis e inteligencia emocional para desarrollar relaciones transversales tanto en el mercado como dentro de la propia organización. El gerente habilidoso sabe construir alternativas ganar-ganar, logra influir y hacer equipo con el personal de Marketing, Finanzas, Post-venta, Logística, Recursos Humanos o incluso con otros Gerentes.

Existen numerosos obstáculos internos y externos que ralentizan e incluso eliminan grandes oportunidades de ventas. Un Gerente operativo o Sales Manager debe poseer la capacidad de explorar y crear vías alternativas que ayuden a progresar en las oportunidades y resolver los problemas tanto de sus clientes internos como externos.

El Sales Manager "debe" innovar para lograr liderar en un mundo impredecible, con entornos cambiantes. La capacidad para improvisar e idear planes o escenarios alternativos de acción, son lo que en todo caso le permitirá hacer frente a los desafíos, consiguiendo los objetivos.

Ahora bien, ¿qué pasa con los caballitos de batalla? Con los que están en la primera fila haciéndole frente al negocio, los colaboradores y empleados que construyen la realidad de nuestro cliente en las tiendas, comercios, porque si, son ellos los que con sus valores, sus características personales, con su "ser" y "estar" crean el clima que se respira en toda organización.

Pues bien, ellos indiscutiblemente son la razón de ser, no existe Gerente o Sales Manager, sin un equipo al que liderar. De modo transversal, el conocimiento del producto, de los procesos y la orientación al cliente son las principales competencias en que se debería o estar formados los equipos de tienda, estas habilidades sin lugar a dudas mejorar las competencias del trabajador.

Siendo que nuestros trabajadores forman nuestro negocio, nuestro foco de atención no solo se debe focalizar en el cliente externo; no es cierto, que exista un cliente externo satisfecho sin la gestión impecable de un cliente interno. De entrada, se debería apostar a la felicidad de nuestros empleados, sintiéndose felices y satisfechos, serán unos empleados productivos, eficientes y eficaces.

Y es que cuando vamos a un sitio, y recibimos un buen trato, personalizado, haciendo que nos sintamos bien, a gusto, en casa, cómodos, atendidos, hace que sintamos la experiencia de otra manera, lo cual sirve para que el producto o servicio lo veamos con otros ojos. Nuestros empleados "son" nuestra marca, a esto se le llama "Employer Branding"

Cuando a tu trabajador le tratas de manera personalizada, no es uno más, no es solo un número, te preocupas y ocupas genuinamente por él, lo haces partícipe de lo que acontece en la empresa, te comunicas abiertamente y le ayudas, estás consiguiendo que esa persona quiera ser parte activa de la empresa, que vaya a trabajar contento y motivado, ilusionado por querer aportar, por querer sumar, porque ya se siente parte de la "familia laboral" y el compromiso se convierte en una emocionalidad.

Se forman verdaderos equipos, tanto de trabajo como de personas, se piensa ya en la consecución de objetivos grupales, no en individualidades, obteniendo lo mejor de las partes y del todo, con todo su potencial humano y profesional. Estamos de esta manera generando un branding a nivel interno, y los trabajadores se bautizan como los emisarios de la marca, realizando a posteriori un buen marketing exterior.

Cuando tenemos en las tiendas prácticas organizacionales saludables como las antes descritas, hay más personas interesadas en formar parte de este equipo de trabajo, lo cual facilita el reclutamiento y selección de nuevos trabajadores; la gente busca formar parte de la empresa por su filosofía de trabajo.

Pues bien, conociendo ya lo antes descrito, ¿Qué estrategias podemos diseñar para lograr la "felicidad" de nuestros colaboradores?

1. Sueldo justo

Es increíble, pero aún en muchos lugares del mundo y en muchísimas empresas pagan un sueldo muy bajo a sus empleados, pareciese que no han hecho aún una introspectiva, en la que el análisis les muestre que es directamente relacional la paga recibida y el estado emocional del sujeto; por lo que el empleado será feliz cuando reciba lo que se merece de acuerdo a su formación, experticia y desempeño.

2. Saber escuchar

Las empresas realmente involucradas con el bienestar de sus integrantes, entendiéndoles como los constructores de su organización, están dirigidas por empresarios empáticos, ejemplos de escucha activa, que respetan y valoran las necesidades y quejas de su equipo, comenzando desde la base y ascendiendo hacia la directiva.

Entienden que facilitar la expresión libre y escuchar con atención máxima a los suyos le muestra una radiografía o es el termómetro de su organización, justo allí, se muestra en forma de demandas, lo que hay que considerar en cuanto la atención positiva para ellos.

3. Reconocer los logros

Es común en muchas empresas conocer de la desmotivación de una gran cantidad de empleados basado en la falta de reconocimiento del esfuerzo y logros por parte de sus superiores. Luciese como si el foco de atención siempre se dirige hacia las fallas u oportunidades de mejora; generando una coraza en los empleados, quienes viven con la creencia que ya no se requiere de su mayor empeño, pues indistintamente de los resultados, tiene poco valía ante los ojos del jefe.

¡Atención lideres! Necesitamos, mucho más en tiendas que comercializan moda, gente sensible y emocionalmente estable, que se sientan apreciados, eso en todos los casos será percibido por nuestros consumidores. Así pues, hay que saber dar una palmada en la espalda en el momento necesario.

Asimismo, debemos ofrecer la posibilidad de crecimiento, con las promociones internas a aquellos empleados dispuestos a asumir más responsabilidades. Aunados a las propuestas frecuentes para la formación y adiestramiento que no solo se relacionen con el puesto o actividades que desarrolla el empleado, sino además con las que los apoye en su crecimiento personal.

4. Fomentar un buen clima laboral

La mayoría de los estudios sobre el clima laboral le atribuye la alta productividad o no de una empresa como la respuesta que dan los empleados a su percepción del ambiente laboral; como es bien sabido, los empleados no comprometidos con la empresa imposibilitan que la misma rinda óptimamente y al máximo.

Nada más importante que trazar como estrategias de productividad un plan operativo en la que se inviertan recursos materiales y humanos, que persigan fomentar dentro de la empresa el compañerismo, la comunicación y el bienestar integral.

Tanto así que hoy día, se apuesta en la grandes empresas a provocar la felicidad como la energía que mueve la productividad.

5. Ofrecer ventajas y flexibilidad

Nada mejor que ofrecer ciertas ventajas a tus empleados para que estén felices trabajando en tu tienda: posibilidad de trabajar desde casa si se pudiese dar el caso, flexibilidad en el horario laboral, zonas de ocio y descanso en el sitio de trabajo, voluntariado que se promocione en la misma empresa, bien en horas de trabajo o fuera de ellas.

BIBLIOGRAFÍA

Agins, T. (2000). The End of Fashion: How Marketing Changed the Clothing Business. Editorial: William Morrow Paperbacks.

Connell, D. (2009). A Buyer's Life: A Concise Guide to Retail Planning and Forecasting. Editorial: Fairchild books.

Diehl, G. (2016) Brand Identity Breakthrough: How to Craft Your Company's Unique Story to Make Your Products Irresistible. Editorial: Identity Publications.

Granger, M y Sterling, T. (2011). Fashion Entrepreneurship: Retail Business Planning, 2nd Edition. Editorial: Fairchild Books.

Granger, M. (2012). Fashion: The Industry and Its Careers 2nd Edition. Editorial: Fairchild Books.

Grewal, D; Levy, M Y Weitz, B. (2013). Retailing Management, 9th Edition. Editorial: McGraw-Hill.

Koumbis, D. (2014). Fashion Retailing: From Managing to Merchandising (Basics Fashion Management). Editorial: Fairchild Books.

Meadows, T. (2012). How To Set Up and Run a Fashion Label. London, England. Editorial: Laurence King publishing.

Rodríguez, X y Salgado, J. (2011). Amancio Ortega, de cero a Zara: con toda la información de la sucesión y el nuevo presidente de Inditex. Editorial: La Esfera de los Libros.

Saviolo, S y Testa, S. (2007). La gestión de las empresas de moda. Editorial: Gustavo Gili. S. L.